VILLE D'ORLÉANS

EXPOSITION DE PEINTURE

ET D'OBJETS D'ART

À L'OCCASION DE L'INAUGURATION DE LA STATUE ÉQUESTRE

DE JEANNE D'ARC

8 Mai 1855

ORLÉANS
IMPRIMERIE D'ALEX. JACOB
Rue Bourgogne, 220

1855

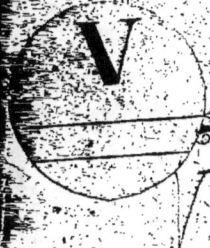

VILLE D'ORLÉANS

—

EXPOSITION DE PEINTURE

ET D'OBJETS D'ART

A L'OCCASION DE L'INAUGURATION DE LA STATUE ÉQUESTRE

DE JEANNE D'ARC

8 Mai 1855

ORLÉANS
IMPRIMERIE D'ALEX. JACOB
Rue Bourgogne, 220
—
1855

V

38300

La pensée de Jeanne d'Arc a présidé à l'exposition dont ce catalogue conservera le souvenir. Les arts lui devaient cet hommage. En sauvant la France, n'a-t-elle pas sauvé la patrie des arts?

M. le Maire, en associant ainsi une fête paisible et gracieuse à la fête brillante et animée du triomphe de notre héroïne, a conquis un nouveau titre à la reconnaissance de ses concitoyens.

Il a fait appel aux amis des arts, si nombreux dans notre ville. Ils y ont noblement répondu. Grâces leur en soient rendues. Remercions, avant tout, l'admirable interprète de la vierge d'Orléans et de Reims, et disons, avec tous ceux qui ont vu le tableau de M. Ingres : C'est vraiment Jeanne d'Arc qui préside à nos fêtes.

La Commission chargée par M. le Maire de présider à cette exposition, était composée de :

MM. VIGNAT-DAIRE, *président*; DE LANGALERIE,

DUPUIS, ANATOLE DE LA TOUANNE, *vice-présidents*; AD. DE TRISTAN, DESNOYERS, IMBAULT, *secrétaires*; RICHAULT, *trésorier*; DE SAINTE-MARIE, DENIS, MANTELLIER, CHOUPPE, CARETTE, JARRY, BATAILLE, DE BOMPARD, PETAU, PENSÉE, DE VASSAL, ALPHONSE DE MOROGUES, FONTAINE, SWAGERS, BOUCHER DE MOLANDON, DAVOUST, DE TORQUAT, DE LEVEN, FÉRÉOL, OLIVIER.

EXPOSITION

DE PEINTURE ET D'OBJETS D'ART.

ANTIQUITÉS ET CURIOSITÉS.

Ivoires, Bronzes, Peintures en émaux, sur vélin, sur porcelaine, sur cuivre et sur verre, Armes, Meubles, Étoffes, Bijoux, Orfèvrerie, Incrustations et Ciselures.

1. Cratère, peinture rouge. — Basilicate. — Un éphèbe couronné, vêtu d'une chlamyde, tenant de la main droite un thyrse, de la main gauche un tympanum, se retirant devant une femme vêtue d'une tunique talaire, qui semble le poursuivre.

    ℞. Deux femmes debout. — *Société archéologique.*

2. Hydrie, peint. r. — Basilicate. — Femme vêtue d'une tunique talaire, tenant d'une main un plat, de l'autre une grappe de raisins. — M. *Desnoyers.*

3. Cratère, peint. r. — Basilicate. — Bacchus imberbe nu, couronné, assis sur un rocher, tenant sur la main droite un plat, au-dessus duquel se voit un raisin. Devant le dieu, une ménade debout, vêtue d'une tunique talaire, tenant de la main droite une couronne, de la main gauche une branche de laurier; entre eux deux un cep de vigne — *Société archéologique*.

4. Urne lacrymatoire, terre grise. —M. *Desnoyers*.

5. Urne lacrymatoire, terre blanche. — *Idem*.

6. Urne privée de son couvercle, terre noire. — *Idem*.

7. Amphore, peint. r. — Nola. — Femme debout sacrifiant sur un autel, vêtue d'une double tunique plissée, la tête ceinte de bandelettes. De la main droite, elle tient un œnochoé, dont elle répand le contenu sur l'autel; de la main gauche, elle porte une torche allumée.

℞. Femme debout dans le même costume; elle tient dans sa main une bandelette et la regarde. — M. *Lenormant*.

8. Amphore, peint. noire. — Grande grèce. — Deux coqs en regard, séparés par des palmettes et des ornements.

℞. Deux sphinx en regard. — *Société archéologique*.

9. Amphore, peinture noire rehaussée de violet et de blanc. — Vulci. — Bacchus barbu, debout, couronné de lierre, vêtu d'un peplus étoilé, tenant de la main gauche un céras, entre deux satyres également debout et dansant; dans le champ, des ceps de vigne.

℞. Bacchus barbu, vêtu d'une tunique étoilée, tenant de la main droite une lance, entre deux ménades debout, vêtues de tuniques étoilées, et deux personnages également debout, vêtus de chlamydes étoilées, tenant chacun une lance; l'un d'eux est un éphèbe. — M. *Blanchard.*

10. Hydrie, peint. r. — Basilicate. — Une femme vêtue et assise sur un rocher tient un plat rempli de fruits. Un éphèbe nu, appuyé sur un bâton, sur lequel est posée sa chlamyde, tient un miroir et une grappe de raisin. — *Société archéologique.*

11. Aryballos, peint. r. — Nola. — Femme debout, vêtue d'une tunique talaire. Elle se regarde dans un miroir qu'elle tient de la main droite. — M. *Desnoyers.*

12. Amphore, terre noire. — Mme *Rousseau.*

13. Coupe, peinture violette et noire sur fond rouge. — M. *Desnoyers.*

14. Aryballos, fond rouge chargé de losanges noirs rehaussés de points blancs, manière phénicienne. — *Idem.*

15. Hydrie, peint. r. — Basilicate. — Un éphèbe, vêtu d'une chlamyde, tient une corbeille et une couronne; une femme vêtue qui s'éloigne retourne la tête vers l'éphèbe; entre les deux personnages, un calathus. — *Société archéologique.*

16. Aryballos, peint. noire et violette sur terre pâle. — Deux coqs en regard. — M. *Desnoyers.*

17. Hydrie, peint. r. — Basilicate. — Éphèbe

nu, couronné, debout, appuyé sur un bâton sur lequel est posée sa chlamyde; de la main gauche il tient une couronne. Devant lui, une femme debout, vêtue d'une tunique talaire, tenant de la main gauche une cassette. — *Société archéologique.*

18. Amphore, peint. noire rehaussée de violet et de blanc. — Vulci. — Bacchus luttant avec un taureau; sur le dos du taureau, une panthère; dans le champ, des ceps et des pampres.

℟. Un satyre barbu et une ménade dansant. M. *Vignat.*

19. Œnochoé, peint. n. — Vulci. — Bacchus barbu, debout, couronné de lierre, tenant de la main droite un céras, entre une ménade et un satyre qui dansent. Dans le champ, des ceps de vigne. — M. *Desnoyers.*

20. Œnochoé, peint. r. et bl. — Basilicate. — Femme assise tenant un plat. — *Idem.*

21. Lécythus, peint. n. rehaussée de violet et de blanc. — Trois ménades; dans le champ, des ceps de vigne. — *Idem.*

22. Lécythus, peint. noire, blanche et violette. — Vulci. — Bacchus barbu, debout, couronné de lierre, vêtu d'une longue tunique recouverte d'un peplus constellé, tenant dans la main gauche un céras, entre deux ménades et deux satyres qui dansent. — *Idem.*

23. Scyphus, l'une des anses verticale, l'autre horizontale, peint. r. — Une chouette entre deux branches d'olivier. — *Idem.*

24. Canthare, terre noire, fabrique étrusque, *idem.*

25. Hydrie, peint. r.—Tête de femme.—M. *Desnoyers*..

26. Cylix, peint. noire, violette et blanche. — Ephèbe coiffé d'un pétase, armé d'une lance, debout près d'un cheval; un oiseau vole derrière lui. Deux grands yeux encadrent cette figure; sujet répété de l'autre côté. Ce sont les deux Dioscures. — *Idem.*

27. Scyphus, peint. blanche. — *Idem.*

28. Canthare, peint. rouge rehaussée de jaune et de blanc. — Basilicate. — Dans un temple à deux colonnes, Opora, déesse de l'abondance, assise, vêtue d'une tunique talaire, tenant de la main droite un plat sous lequel pend un raisin; des bandelettes suspendues à la muraille.

℞. Génie hermaphrodite volant vers Opora; il tient de la main droite un tympanum, sur son bras une bandelette. — *Idem.*

29. OEnochoé, terre noire, fabrique étrusque, *Société archéologique.*

30. OEnochoé à rotules, terre noire, fabrique étrusque, *idem.*

31. Cyathis, peint. noire rehaussée de violet. — Vulci. — Un jeune cavalier, vêtu d'une chlamyde et coiffé d'un pétase. Son bouclier échancré est suspendu derrière son dos; dans le champ, des ceps de vigne. De grands yeux encadrent cette figure; de chaque côté de l'anse, un lion. — M. *Desnoyers.*

32. Scyphus, manière phénicienne, *idem.*

34. Amphore, terre grise rehaussée de violet et de blanc, *idem.*

1.

33. OEnochoé. — Vulci. — Une tête de femme forme la panse et le pied du vase. — *Idem*.

35. Vase en forme de colombe, muni d'une anse. Le bec est percé; couverte jaune avec ornements noirs. — *Idem*.

36. Lécythus, peint. rouge. — Basilicate. — Tête de femme, *idem*.

37. Scyphus, couverte noire, *idem*.

38. Lécythus, peint. rouge, tête de femme, *idem*.

39. Cylix, couverte noire, à Mme *Rousseau*.

40. Cylix, couverte noire, à M. *Vignat*.

41. OEnochoé, peint. rouge rehaussée de blanc. — Basilicate. — Opora assise, tenant un plat ou un tympanum, se retournant pour regarder un génie hermaphrodite; devant elle une femme debout, tenant une couronne d'une main, et de l'autre un miroir. — *Société archéologique*.

42. Rhyton, tête de chevreau, à M. *Desnoyers*.

43. Rhyton, tête de sanglier, *idem*.

44. Poterie romaine, moule de coupe, avec le nom du potier, VICTORIANVS, *idem*.

45. Fiole, albâtre, *idem*.

46. Amphore, albâtre, *idem*.

47. Amphore, albâtre, *idem*.

48. Verre antique, urne lacrymatoire, *idem*.

49. Verre antique, urne lacrymatoire, *idem*.

50, 51, 52, 53, 54, 55, 56, 57, 58, 59, 60, 61. Verre antique, urnes lacrymatoires, vases funéraires, *idem*.

62. Albâtre égyptien, vase funéraire cynocéphale, *idem*.

63, 64, 65, 66. Terre cuite, lampes, *idem*.

67. Bronze, lampe, à M. *Vignat*.

68. Bronze, lampe antique trouvée à Châtillon-sur-Loire, *Société archéologique*.

69. Bois peint, épervier sacré, divinité égyptienne, à M. *Desnoyers*.

70. Faïence vernie, divinité égyptienne, *idem*.

71. Terre grise, vase romain trouvé à Vierzon, à la *Société archéologique*.

72. Terre grise, vase romain, à M. *Desnoyers*.

73. Terre blanche, vase romain, *idem*.

74. Hache celtique en silex, à M. *Vignat*.

75. Hache celtique en silex, à M. *Boucher de Molandon*.

76. Hache celtique en silex, à M. *Desnoyers*.

77. Hache celtique en silex, *idem*.

78. Hachette celtique en jade, emmanchée dans un ossement, *idem*.

79. Hache celtique en bronze, *idem*.

80. Hache celtique en bronze, *idem*.

81. Collier gaulois à grains de verre et de terre cuite colorée, *idem*.

82. Torques romains, *idem*.

83. Torques romains, *idem*.

84. Simpulum, *idem*.

85. Strigyle, *idem*.

86. Prêtresse sacrifiant, statuette étrusque en bronze, *idem*.

87. Statuette en bronze de Mercure, *idem*.

88. Statuette de Mercure en bronze, à M. *Desnoyers*.

89. Statuette de la Fortune en bronze, *idem*.

90. Patère en bronze, *idem*.

91. Stèle égyptien, *idem*.

92. Pied de momie, avec l'inscription hiérogly-phique, à M. *de Torquat*.

93. Le dieu Apis, bronze, à M. *Desnoyers*.

94. Chat sacré, bronze, *idem*.

95. Ibis sacré, bronze, *idem*.

96. Candélabre romain en bronze, *idem*.

97. Hercule, bronze antique, à M. *Jarry-Le-maire*.

98. Le Christ mort sur les genoux de sa mère, bas-relief en marbre, à M. le docteur *Payen*.

99. L'Innocence sur un dauphin, par Bouchar-don, à M. *Lévin*.

100. Tête de marbre antique, à M. *Laurand*.

101. Trois lettres majuscules, miniatures du XIIIᵉ siècle, à M. *Desnoyers*.

102. L'Innocence et l'Amour, groupe en biscuit de Sèvres, à M. *Féréol*.

103. Coupe en bronze pour cheminée, à M. *Petau*.

104. Buste en marbre de Paros, Enfant, par Lu-cas, à M. *Auvray*, d'Olivet.

105. Coupe en bronze pour cheminée, à M. *Petau*.

106. Groupe, l'Espérance nourrissant l'Amour, biscuit de Sèvres, à M. *Féréol*.

107. Trois sceaux du XIIIᵉ siècle, à M. *Desnoyers*.

108. Décollation de saint Jean-Baptiste, marbre du XVIIIᵉ siècle, à M. *Blanchard*, libraire.

109. Statuette en ivoire, la Vierge dans un temple en bois précieux, à M. *Bidet.*

110. Marqueterie de boule, tryptique ornée de peintures sur vélin, à M. *de Langalerie.*

111. Pendule dont le pied est en cuivre doré, surmontée d'un calvaire, à Mme la c^tesse *de la Bourdonnaye.*

112. Flambeau byzantin, à M. *de Noury.*

113. Chapelle en cuivre, avec la Vierge en ivoire, ayant appartenu à Mgr l'*Évêque.*

114. Custode byzantine, à M. *de Noury.*

115. Custode byzantine, à M. *Desnoyers.*

116. Peinture byzantine sur bois, à M. *de Noury.*

117. Peinture sur cuivre, Vierge byzantine, à M. *Desnoyers.*

118. Navette byzantine, *idem.*

119. Un reliquaire byzantin, à M. *Auvray.*

120. Une statuette en bronze, XVe siècle, *idem.*

121. Reliquaire byzantin, à M. *Desnoyers.*

122. Plaque d'ancien reliquaire, un saint Pierre, émail byzantin, à M. *Verdureau.*

123. Christ byzantin, à M. *de Noury.*

124. Groupe d'enfants, ivoire, *idem.*

125. Porte-pinceaux chinois, bois sculpté, à M. *Vignat.*

126. Fleurs et insectes sculptés sur ivoire, à M. *de Louvencourt.*

127. Fleurs et insectes sculptés sur ivoire, *idem.*

128. Louis XVI et sa famille, médaillon, à M. *Olivier d'Arlon.*

129. Ivoire byzantin, à M. *Desnoyers*.

130. La Vierge, statuette en ivoire, à M. *Robert de la Matholière*.

131. Christ à la colonne, ivoire, à M. *de Noury*.

132. Buste de Sully, ivoire, *idem*.

133. Porte-pinceau chinois, en bambou, à M. *Vignat*.

134. Passage du Granique, groupe en ivoire, à Mᵐᵉ *de Curzon*.

135. Châsse byzantine, à M. *Chapsal*.

136. Vase en cuivre hollandais, à M. *de Noury*.

137. Ivoire gravé en Italie, à M. *de Langalerie*.

138. La Vierge, saint Jean et sainte Catherine, volet de triptyque, ivoire, à M. *de Noury*.

139. Buste de Henri IV, ivoire, *idem*.

140. Assomption, ivoire, XIVᵉ siècle, à la *Société archéologique*.

141. Ivoire sculpté, bas-relief d'après Oudry, à M. *Burdel*.

142. Un Christ à la colonne, en ivoire, XVIIᵉ siècle, à Mᵐᵉ *veuve Vignat*.

143. Cartouchière arabe, à M. *Vignat*.

144. Ivoire, Vierge tenant l'enfant Jésus, à Mˡˡᵉ *V. Fabre*.

145. La Vierge et l'enfant Jésus, ivoire, à M. *Olivier d'Arlon*.

146. Bouquet sculpté en ivoire, à M. le docteur *Payen*.

147. Un poignard et sa gaîne en ivoire sculpté, à M. *Paquot*.

148. Pistolet, ivoire, à M. *Mignon*.

149. Dessin au crayon rouge, à M. *Salmon-Lé-cuyer*.

150. Ivoire du XIVe siècle, Jésus-Christ en croix, à M. *Desnoyers*.

151. La Trinité, volet de triptyque, ivoire, à M. *de Noury*.

152. Râpe à tabac en bois, à M. *Desnoyers*.

153. Râpe à tabac en bois, *idem*.

154. Râpe à tabac, à M. *Olivier*.

155. Descente de Croix sur une râpe à tabac, bois sculpté, *idem*.

156. Râpe à tabac, avec écu d'azur chargé de trois lis tigés d'argent, bois sculpté, à M. *de Noury*.

157. Lanterne Louis XV, à M. *Olivier*.

158. Ivoire sculpté, volet de triptyque, XIVe siècle, à M. *de Noury*.

159. Saint Benoît et saint René, sur une râpe à tabac, à M. *Olivier*.

160. Paix en ivoire sculpté, représentant un calvaire, à M. le docteur *Payen*.

161. Ornement d'ivoire, représentant d'un côté la naissance, et de l'autre la mort de Notre-Seigneur, à M. *Desnoyers*.

162. Hercule domptant le taureau, ivoire, râpe à tabac, à M. *de Noury*.

163. Une râpe à tabac, ivoire, à M. l'abbé *Pelletier*.

164. Les Buveurs, ivoire, à M. *Desnoyers*.

165. Boîte à mouches en ivoire sculpté, à M. le docteur *Payen*.

166. Pistolet, ivoire, à M. *Mignon*.

167. Poudrière en ivoire sculpté du XVIe siècle, à M. le docteur *Payen*.

168. Ivoire, gaîne contenant un couteau et une fourchette, XVIe siècle, à M. *de Noury*.

169. Corne de cerf sculptée, Pulverin, XVIe siècle, *idem*.

170. Faenza, sujet mythologique, à Mme *de Curzon*.

171. Faïence découpée à jour, par Bernard Palissy, à M. le docteur *Payen*.

172. Faïence, plat de Bernard Palissy, à M. *de Noury*.

173. Faïence, assiette à jour de Bernard Palissy, *idem*.

174. Faïence, plat à épice, par Bernard Palissy, *idem*.

175. Faïence, plat ovale de Bernard Palissy, *idem*.

176. Faïence, assiette de Bernard Palissy, *idem*.

177. Fiole en faïence (*faenza*), *idem*.

178. Terre émaillée, vase bleu, manufacture de Perse, *idem*.

179. Terre émaillée, vase bleu, manufacture de Perse, *idem*.

180. Un vase bleu en terre émaillée, manufacture de Perse, à M. le docteur *Payen*.

181. Un vase bleu en terre émaillée, manufacture de Perse, à M. le docteur *Payen*.

182. Email de J. Laudin, bénitier, avec sainte Madeleine, à M. *Desnoyers*.

183. Hercule, émail, à M. *de Noury*.

184. Émail de Laudin, sainte Thérèse, à M. *Petau*.

185. Émail, saint Denis, à M. *Desnoyers*.

186. Émail cloisonné, attribué à Raymond, à M. *Lochon-Barault*.

187. Émail, saint Benoît, à M. *Desnoyers*.

188. Émail, sainte Madeleine, *idem*.

189. Émail de Limoges, Nouailler, un Christ, à M. *Petau*.

190. Émail encadré de cuivre, feuillets de diptyque, XVe siècle, à M. *de Noury*.

191. Émail, camaïeu encadré de J. Laudin, XVIIe siècle, *idem*.

192. Émail du XVIe siècle, Lavement des pieds, à M. *Salmon-Lécuyer*.

193. Émail, camaïeu encadré d'ébène de J. Penicault, XVIe siècle, à M. *de Noury*.

194. Émail de Limoges, Annonciation, par P.-N., à M. *Guyot-Poignard*.

195. Émail encadré en cuivre, feuillets de diptyque, XVe siècle, à M. *de Noury*.

196. Émail encadré, sainte Geneviève, XVIIe siècle, *idem*.

197. Émail polychrôme encadré, saint Benoît, au monogramme de Jean Courtoys, et orné des armes de la famille de Vertamon, *idem*.

198. Émail, camaïeu encadré d'ébène de J. Penicault, à M. *de Noury*.

199. Émail de Jean Penicault, *idem*.

200. Émail camaïeu, portrait de Gustave-Adolphe, XVIIe siècle, *idem*.

201. Émail, la Nativité, à M. *Desnoyers*.

202. Chandelier, émail de Limoges, par Pierre Raymon, à M. *Chapsal*.

203. Émail, sainte Catherine, de J. Laudun, à M. le docteur *Payen*.

204. Émail de J. Laudin, saint Benoît, à M. *Petau*.

205. Émail, coupe, Judith, par J. Laudin, XVIIᵉ siècle, à M. *de Noury*.

206. Annonciation, émail de Limoges, *idem*.

207. Coupe en émail du XVIᵉ siècle, à M. *Desnoyers*.

208. Émail grisaille, XVIIᵉ siècle, à M. *de Noury*.

209. Saint François-Xavier, émail, par Léonard Limousin, *idem*.

210. Émail, coupe, la Vierge et l'Enfant, par J. Laudin, XVIIᵉ siècle, *idem*.

211. Calvaire, émail, *idem*.

212. Sainte Famille, émail de Laudin, *idem*.

213. Émail, bénitier signé J.-B. Laudin, *idem*.

214. Saint François-Xavier, émail par Léonard Limousin, à M. *de Noury*.

215. Vase en verre fleurdelisé, à M. *Desnoyers*.

216. Verre à patte allemand, à armoiries gravées sur le corps, à M. *Desnoyers*.

217. Bouteille fleurdelisée en verre rose, à M. *de Noury*.

218. Vase de fabrique espagnole, à M. *Vignat*.

219. Un verre de Bohême, gobelet, l'Amour dans un médaillon, à M. *de Noury*.

220. Un plat repoussé, commencement du XVIIe siècle, à M. *de Langalerie.*

221. Une brique trouvée dans les démolitions de Cherupeau, à Tigy, à M. *Colas de Brouville.*

222. Une aiguière de Bohême ancienne, à M. *Sallé,* de La Chapelle.

223. Vase de fabrique espagnole, à M. *Vignat.*

224. Vase en cuivre hollandais, à M. *Desnoyers.*

225. Portrait de Cérès, émail, à M. *Chapsal.*

226. Calvaire en albâtre, à M. *de Noury.*

227. Statuette en bronze, à Mlle *Granger.*

228. Médaillon sculpté sur bois, représentant sainte Anne, pris au chapitre de Notre-Dame de Paris, à M. *Burdel.*

229. Bouquet en biscuit de Sèvres, encadré, à M. *Fontaine.*

230. Laveuse, terre cuite, par M. Monceau, à M. *Monceau.*

231. Vue d'Orléans, sur bois, à M. *Vignat.*

232. Vase en cuivre hollandais, à M. *de Noury.*

233. Plat de faïence bleue, écussonné, à M. *de Langalerie.*

234. Vase en cuivre hollandais, à M. *de Noury.*

235. Chandelier en faïence, *idem.*

236. L'Annonciation, mosaïque, à M. *Chapsal.*

237. Hallebarde, à M. *de Noury.*

238. Pertuisane damasquinée du temps de François Ier. D'un côté de la lame, les armes du roi et de la ville d'Orléans ; de l'autre côté, un écusson aux armes d'Eléonore d'Autriche, seconde

femme de François Ier, et un cygne. Cette pertuisane a été probablement employée dans la maison du roi ou dans celle de la reine, lorsqu'ils se trouvaient à Orléans. A M. *de Noury*.

239. Hallebarde du XVIe siècle, à M. *Vignat*.

240. Christ sculpté sur bois, à M. *Godet-Limosin*.

241. Cantique de Zacharie, stuc encadré d'ébène, gravé en relief, daté de 1592, à M. *de Langalerie*.

244. Chandelier en faïence, à M. *de Noury*.

245. Un Christ sculpté sur bois, à M. *Badinier*, curé de Saint-Germain.

246. Miniature sur vélin, XVIe siècle, à M. *de Noury*.

247. O majuscule, miniature du XVe siècle, à M. *Desnoyers*.

248. D majuscule, miniature du XVe siècle, *idem*.

249. Quatre miniatures du XVIe siècle, *idem*.

250. Un Plat Faenza, à M. *Chapsal*.

251. Un plat Faenza, à M. *Chapsal*.

252. Un plat Faenza, *idem*.

253. Une chèvre en bronze, à M. *Cornu*.

254. Buste de Morvilliers, bronze, par G. Pillon, à *l'Evêché d'Orléans*.

255. Coupes en bronze, à M. *Cornu*.

256. Chiffonnier, incrustations en cuivre, *au Musée*.

257. Plat faenza, à M. *Chapsal*.

258. Plat faenza, *idem*.

259. Plat faenza, *idem*.

260. Fer ouvré, serrure de bahut ornée d'une sa-
lamandre en relief, XVIᵉ siècle, à M. *de Noury*.

261. Marteau de heurtoir de porte, XIVᵉ siècle,
idem.

262. Sujet de chasse, panneau en bois sculpté,
par M. Lemaire.

263. Une Vierge, sculpture sur bois, XVᵉ siècle, à
M. *Laurand*.

264. Une cloche en bronze portant l'inscription :
Et infirmis medicamen, à M. *Laurand*.

265. Fer ouvré, serrure de bahut et sa clef,
XIVᵉ siècle, à M. *de Noury*.

266. Sujet de chasse, panneau en bois sculpté,
par M. Lemaire.

267. Panneau sculpté, représentant un calvaire,
XVIᵉ siècle, à la *Fabrique de Sainte-Croix*.

268. Scène de vendanges, pupitre en tapisserie de
soie, à M. *de Noury*.

269. Voyageur blessé, terre cuite, par M. Lanson,
à M. *Lanson*.

270. Petit ramoneur, terre cuite, statuette d'après
nature, par M. Monceau, à M. *Monceau*.

271. Charretier se chaussant, terre cuite, par
M. Lanson, à M. *Lanson*.

272. Une mendiante, terre cuite, par M. Lanson,
idem.

273. Une mule attaquée par des mulots, terre, par
Allelit, à M. *Allelit*.

274. L'Espérance, figurine en plâtre, par Foyatier, à M. *Marchand*.

275. Fer ciselé, coffret et sujet de chasse, XVIe siècle, à M. *de Noury*.

276. Cachemaille en fer ouvré orné de crosses d'évêque et d'un écusson sur lequel sont trois salamandres et le chiffre de François Ier, XVIe siècle, *idem*.

277. Panneau sculpté en bois, représentant l'arbre généalogique du Christ, *idem*.

278. La Passion, bahut sculpté, à M. *de Noury*.

279. Vie de Jésus-Christ, quatre Évangélistes, sainte Marguerite, etc., panneau sculpté en chêne, à M. *Pavie*.

280. Christ en ivoire sur croix de bois, travail espagnol, à M. *Lemaire*.

281. Un meuble en marqueterie, M. *Laurand*.

282. Panneaux sculptés, à M. *Laurent Vignat*.

283. Saint Joseph, émail de Limoges, par J. Laudin, à M. *de Louvencourt*.

284. Acron perd la vie dans un combat contre Romulus, par J. Laudin, XVIIe siècle, à Mme *Barault-Lesourd*.

285. Paysage, émail, à M. *Mignon*.

286. Une paire de pistolets richement damasquinés, et aux armes des Médicis, à Mme la b^{onne} *de Piessac*.

287. Émail, plat représentant Moïse et le serpent d'airain, par Léonard Limousin, à M. *de Buchepot*.

288. La Vierge, émail de Limoges, par J. Laudin, à M. *de Louvencourt*.

289. Émail grisaille, encadré, Romulus suspend ses armes à un chêne, par J. Laudin, XVIIᵉ siècle, à Mᵐᵉ *Barault-Lesourd.*

290. Émail grisaille, XVIᵉ siècle, à M. *Lochon-Barrault.*

291. Crucifix peint, à M. *Féréol.*

292. Dague damasquinée, XVIᵉ siècle, à M. *Vignat.*

293. Peinture sur bois, envoyée de Crimée par M. Pereira, prise dans le village russe de Karani, près Balaklava, à M. *Pereira.*

294. Vue prise en Crimée au village de Karani, en 1854, peinture sur bois, à M. *Cornu.*

295. Mosaïque bois et ivoire, ouvrage fait par les Arabes, et pris en Algérie en 1855, à M. *Imbault.*

296. Médaille de Louis XII et Anne de Bretagne, bronze doré, à M.

297. Dague de merci, à M. *Vignat.*

298. Dague de merci, à M. *Vignat.*

299. Médailles de Jeanne d'Arc.

300. Dessin de Clenchetel, à M. *de Louvencourt.*

301. Petite pendule, XVIIᵉ siècle, à M. *Desnoyers.*

302. Miniature sur ivoire, à M. *Imbault.*

303. Tabatière sous la forme d'une femme, bois sculpté, à M. Olivier.

304. Miniature sur ivoire, à M. *Imbault.*

305. Horloge antique, cuivre, dans son étui, à M. *Laurand.*

306. Petit coffret Louis XIII, à M. de *Langalerie.*

307. Miniature sur vélin, portrait de Mme la duchesse d'Orléans, femme du régent, à M. *Mantellier*.

308. Petit livre d'Heures couvert en écaille, à l'usage des nobles cavaliers, XVIIe siècle, à M. le docteur *Payen*.

309. Petit couteau du XVIe siècle, à M. le docteur *Payen*.

310. Sceau de Charles VI, cuivre doré, à M. *Desnoyers*.

311. Cire, santa Anna, à M. *Vignat*.

312. Montre en cuivre, XVIIIe siècle, à M. *Desnoyers*.

313. Étui peint, à M. *de Noury*.

314. Montre de poche en cuivre, avec cachet d'argent ciselé, XVIIe siècle, à M. *de Noury*.

315. Émail de Petitot, portrait du prince de Condé, à M. *Burdel*.

316. Moufle d'Africain, cuivre repoussé, à M. *Desnoyers*.

317. Inscription horoscopique en bois, les douze mois de l'année, à M. *Desnoyers*.

318. Portrait d'homme, relief en cire rose, à M. *Dupuis*.

319. Fourchette damasquinée, à M. *Desnoyers*.

320. Miniature sur vélin, inspiration et imitation de Watteau, à M. *Phalary*.

321. Une miniature dans son étui, XVIIe siècle, à M. le docteur *Payen*.

322. Une tabatière portant deux miniatures sur ivoire, à M. *Labinski.*

323. Portrait de Louis XVIII, sur une tabatière, par Isabey, à M. *de Noury.*

324. Tabatière en or représentant la Lecture de la Bible d'après Greuze, à M. *Lenormand de Villeneuve.*

325. Bague renfermant des cheveux d'Agnès Sorel (le propriétaire possède l'authentique), à M. *de Noury.*

326. Portrait de femme dans une pièce de 6 fr. évidée, à M. *Vignat.*

327. Gaîne de ciseau en argent ciselé, à M. *de Noury.*

328. Un étui à ciseaux du XVIIe siècle, à M. *Duleau.*

329. Miniature sur ivoire, double portrait dans son étui, à Mme la bonne *de Piessac.*

330. Médaillon à deux faces, en argent, représentant Jésus-Christ et la sainte Vierge, à M. *Vignat.*

331. Montre en argent, XVIIIe siècle, à M. *Desnoyers.*

332. Émail représentant la bataille de Waterloo, à M. *Bataille.*

333. Miniature, à M. *de Louvencourt.*

334. Miniature, *idem.*

335. Miniature, *idem.*

336. Tabatière en camaïeu, à M. *A. Jacob.*

337. Pelote en argent ciselé, à M. *de Noury.*

338. Boîte curieuse trouvée à Herculanum, à Mme la b^{onne} *de Piessac.*

339. Peinture sur cuivre, portrait par Janet, à M. *Payen.*

340. Petit bronze chinois, à M. *Ferréol.*

341. Arabe en bronze, à M. *Vignat.*

342. Un coffret en malachite moderne, à M. *Colas de Brouville.*

343. Chapelet arabe, à M. *Desnoyers.*

344. Yatagan (panoplie).

345. Cachet en bois de la Société de Jésus, à M. *Vignat.*

346. Miniature sur vélin, l'Enlèvement, par Boilly, à M. *Burdel.*

347. Petite peinture sur cuivre, portrait, à M. *de Louvencourt.*

348. Tabatière-gouache, à M. *de Noury.*

349. Une croix-reliquaire en argent, filigranée, ornée de pierreries, à Mme *de Loture.*

350. Horloge Louis XIII, à M. *de Noury.*

351. Peinture sur cuivre, par Porbus, à M. *Payen.*

352. Monnaies chinoises, à M. *Vignat.*

353. Un taureau, bronze, à Mme *Dehais.*

354. Spartacus, d'après Foyatier, bronze moderne, à M. *Marchand.*

355. Buste en bronze, une Bacchante, à M. *Ferréol.*

356. Groupe en bronze, Daphnis et Chloé, par Feuchères, à M. *Petau.*

357. La Fortune, statuette en bronze, à M. *Capitan de Noras.*

358. Jupiter tenant la foudre, statuette en bronze, à M. *Proust,* avoué.

359. Lion attaqué par un serpent, cuivre par Bary, à M. *Pereira.*

360. Chapelet donné par Louis XIV à Mme de Montespan, à M. *Luche.*

361. Chandelier en faïence, à M. *de Noury.*

362. Mlle Duté, buste-portrait, à M. *Triaut.*

363. Vierge peinte, avec ornements grecs.

364. Terre cuite, tête de faune, par Clodion, à M. *de Noury.*

365. Poignard (panoplie).

366. Franklin, terre cuite, à M. *Vignat.*

367. Yatagan (panoplie).

368. Cinq panneaux du Chemin de la Croix, albâtre de Lagnay, à la *Société archéologique.*

369. Une cuiller-fourchette, à M. *Boulard.*

370. Miniature avec cadre or et argent en strass, *idem.*

371. Une râpe, ivoire, *idem.*

372. La Résurrection, triptique-ivoire, *idem.*

373. Jeanne d'Arc, ivoire, *idem.*

374. Saint François-Xavier, bois sculpté, *idem.*

375. Un Religieux en prière, bois sculpté, *idem.*

376. Une statuette en stuc, à M. *de Dreuzy.*

377. Une statuette en stuc, *idem.*

378. Une statuette en stuc, *idem.*

379. Nativité, reliquaire Louis XIII, à M. *Boulard.*

380. Le sommeil de l'Enfant Jésus, *idem.*

381. Un flambeau, émail, à M. *Labinsky.*

382. Un flambeau, émail, à M. *Labinsky.*

383. Tasse en faïence avec soucoupe, à M. *Labinsky.*

384. Souvenir du grand Souvarof, dyptique, cuivre, à M. *Labinsky.*

385. Un camée, marbre blanc, à M. *de Dreuzy.*

386. Camée, ouvrage des mains de Louis XI, duc d'Orléans, fils du régent, à M. *Labinsky.*

387. Trois Boutons de chemise, à M. *Labinsky.*

388. Mort de la Vierge, ivoire gothique, à M. *Boulard.*

389. Le Père Éternel et la Vierge, ivoire, *idem.*

390. Panneau sculpté en ébène, XVIe siècle, à M. *de Noury.*

391. Un manuscrit collectuaire du XVIIIe siècle, provenant du chapitre de Provins, au *Séminaire d'Orléans.*

392. Manuscrit de l'*Office de la Vierge*, par N. Jarry, à M. *Jarry.*

393. Aquarelles chinoises sur papier de riz, à M. *Vignat.*

394. Manuscrit chinois noir, *idem.*

395. Manuscrit chinois colorié, *idem.*

396. Livre d'Heures imprimé sur vélin, avec gravures enluminées, XVIe siècle, à M. *de Noury.*

397. Livre d'Heures imprimé sur vélin, gravures sur bois, *idem.*

398. L'Amour sur une tortue lançant un trait, deux bronzes modernes, à Mme *de Fouchécourt*.

399. Vénus au bain, *idem*.

400. Vase plat étrusque, *idem*.

401. Coupe étrusque, *idem*.

402. Vase étrusque, *idem*.

403. Vierge aux Anges, bas-relief en albâtre, XVe siècle, à M. *Badinier*, curé.

404. Portrait de Louis XV, miniature, à M. *Boucher de Molandon*.

405. Vue de Jargeau, peinture sur bois, XVIe siècle, à M. *Davoust*.

406. Les Amours à la colombe, par M. Courtois, à M, *Courtois*.

407. Le Billet doux, émail, d'après Boucher, par M. Courtois, à M. *Courtois*.

408. Mort d'Adonis, émail par M. Courtois, à M. *Courtois*.

409. Psyché curieuse, émail, d'après Raphaël, par M. Courtois, à M. *Courtois*.

410. Peinture chinoise, antérieure à 1655, à M. *de Vassal*.

411. Peinture chinoise, antérieure à 1655, à M. *de Vassal*.

412. Nacre sculpté, XVIIIe siècle, à M. *Dupuis*.

413. Nacre sculpté, XVIIIe siècle, à M. *Dupuis*.

414. Nacre sculpté, XVIIIe siècle, à M. *Dupuis*.

415. Statuette chinoise en porcelaine, à M. *Vignat*.

416. Une porcelaine, statuette de l'Innocence, manufacture anglaise, à M. *Gillion*.

417. Magot chinois, idole indoue apportée de Calcutta par l'amiral Laplace, à Mme *Rousselet*.

418. Vase en porcelaine, à M. *A. Jacob*.

419. Vase indien du Mexique, à M. *Desnoyers*.

420. Magot chinois, idole indoue apportée de Calcutta par l'amiral Laplace, à Mme *Rousselet*.

421. Une statuette, magot de la Chine, à Mme la b^{onne} *de Piessac*.

422. Chimère, à M. *A. Jacob*.

423. Statuette chinoise en marbre.

424. Bougeoir en laque, à M. *A. Jacob*.

425. Une statuette, à Mme la b^{onne} *de Piessac*.

426. Sabre (panoplie).

427. Statuette chinoise, à M. *Vignat*.

428. Plat de faïence, fabrique de Nevers, à Mlle *Granger*.

429. Divinité chinoise, à Mme *de Fouchécourt*.

430. Casse-tête de la Guyane, à M. *Vignat*.

431. Pagne, à M. *Vignat*.

432. Pipe de Syrie, *idem*.

433. Narguillé, fourneau en argent, filigrane d'or, pied en fer damasquiné en argent, bouquin en ivoire orné de corail, *idem*.

434. Pipe chinoise à opium, garnie d'opium, *idem*.

435. Pipe chinoise incrustée d'ébène, avec sa blague, *idem*.

436. Groupe en biscuit, Henri IV et Sully, à M. *Colas de Malmusse*.

437. Statuette en biscuit, l'Amour au silence, de Bouchardon, à M. *Sansco*.

438. Groupe en biscuit, Bélisaire et son guide, à M. *Colas de Malmusse.*

439. Pipe turque, à M. *Vignat.*

440. Un plat de porcelaine du Japon, à Mme la b^{onne} *de Piessac.*

441. Idole chinoise, à M. *Vignat.*

442. Souliers chinois, *idem.*

443. Souliers chinois, *idem.*

444. Le Rat et la Grenouille, terre cuite, par Allelit, à M. *Allelit.*

445. Nécessaire de table chinois, bâtonnets, à M. *Vignat.*

446. Poignard chinois, *idem.*

447. Instrument de musique chinois, *idem.*

448. Tasse et soucoupe en vieux Sèvres, pâte tendre, à M. le docteur *Payen.*

449. Tasse, porcelaine de Sèvres, *idem.*

450. Une tasse et sa soucoupe en vieux Sèvres, pâte tendre, à M. le docteur *Payen.*

451. Un étui en Sèvres, fond blanc, Louis XV, *idem.*

452. Une petite tasse et sa soucoupe, pâte tendre, *idem.*

453. Tasse, soucoupe et son plateau en vieux Sèvres, pâte tendre, *idem.*

454. Petite tasse et sa soucoupe en vieux Sèvres, à M. *Guyot-Poignard.*

455. Boîte à mouches, à M. *Vignat.*

456. Une boîte à mouches en émail allemand, à Mme *Minet-Guyot.*

457. Tasse et sa soucoupe, vieux Sèvres, à M. *Ferréol*.

458. Une tasse et sa soucoupe en vieux Sèvres, à M. *Guyot-Poignard*.

459. Coupe ornée de fleurs peintes, manufacture de Chantilly, à M. *de Langalerie*.

460. Un groupe, porcelaine de Saxe, à, M. *Paquot*.

461. Pot au lait, vieux Sèvres, à M. *Ferréol*.

462. Tasse à café avec portrait en médaillon de l'empereur Napoléon Ier, porcelaine d'Orléans, à Mme *de Véry*.

463. Coupe ornée de fleurs peintes, manufacture de Chantilly, à M. *de Langalerie*.

464. Coupe ornée de fleurs peintes, manufacture de Chantilly, *idem*.

465. Coupe ornée de fleurs peintes, manufacture de Chantilly, *idem*.

466. Coupe ornée de fleurs peintes, manufacture de Chantilly, *idem*.

467. Tasse à café avec portrait en médaillon de l'impératrice Marie-Louise, *idem*.

468. Vase en terre de pipe, fabrique des frères Elers, XVIIe siècle, à M. *Desnoyers*.

469. Notre-Dame da Popa, peinture sur coquille, à M. *de Noury*.

470. Coffret de chapelet, à M. Ancest.

471. Balais chinois, à M. *Vignat*.

472. Couteau catalàn, *idem*.

473. Hachette, *idem*.

474. Cassolette, brûle-parfum monté en cuivre, XVIIIe siècle, à M. le docteur *Payen.*

475. Guitare de la Mozambique et son archet, à M. *Vignat.*

476. Peinture sur cuivre, portrait, à M. *de Louvencourt.*

477. Collier en dents de tigres avec amulettes, à M. *Vignat.*

478. Collier en griffes de tigres, *idem.*

479. Coffret ancien, style Louis XIII, à Mme la bonne *de Piessac.*

480. Petite boîte de jeu en vernis Martin, à Mme *Minet-Guyot.*

481. Éventail armorié ancien, sculpté en nacre, à Mme la bonne *de Piessac.*

482. Boîte à toilette en bois sculpté, à M. *Guyot-Poignard.*

483. Éventail Watteau, ayant appartenu à la femme de Charles III, à Mme *Rousselet.*

484. Encrier chinois, à M. *Vignat*

485. Pipe curieuse sculptée, à M. le bon *de Piessac.*

486. Miniature-portrait, d'après Greuse, à M. *Ferréol.*

487. Pipe orientale, chibouque, tuyau en bois de jasmin sculpté, bouquin d'ambre, à M. *Vignat.*

488. Service de porcelaine orientale, à M. *Férréol.*

489. Brûle-parfum, bronze chinois, avec son pied sculpté en bois, à M. *Vignat.*

490. Écran en paille de palmier, à M. *Labinski.*

491. Une tabatière en ivoire sculptée, à M. *Payen.*

2.

492. Pistolet arabe damasquiné, à M. *Pereira.*

493. Poignard turc, manche de dent d'hipopotame, sculpté, à M. *Vignat.*

494. Brûle-parfum chinois, *idem.*

495. Planchette où est la prière tirée du Coran, *idem.*

496. Un buste en plâtre, Antoine Dervieux, à M. *Lemolt-Phalary.*

497. Un buste en biscuit, Mirabeau, *idem.*

498. Chapeau en jonc hottentot, à M. *Vignat.*

499. Un Christ en ivoire, à M. *Desnoyers.*

500. Un plateau, peinture, représentant un jeu de dames, à M. *Labinski.*

501. Tube en bois creux à fourchette, contenant un ressort en boudin destiné à lancer des traits et armé de chaque côté d'une espèce de baïonnette, instrument de guerre trouvé en démolissant la porte Saint-Jean, à Orléans, XVe siècle, à M. *Vignat.*

502. Casse-tête sauvage, *idem.*

503. Fusil arabe, canon damasquiné, capucines en cuivre, *idem..*

504. Fusil à rouet, *idem.*

505. Cartouchière arabe, *idem.*

506. Dague à merci, *idem.*

507. Fusil à rouet, à M. *Mignon.*

508. Pistolet arabe, à M. *Vignat.*

509. Pistolet albanais, *idem.*

35

510. Un fusil arabe garni en argent, à M. le v^te d'Orsanne.

511. Yatagan, fourreau d'argent ciselé, à M. *de Noury*.

512. Un yatagan monté en or, à M. le v^te d'*Orsanne*.

513. Sabre turc, à M. *Vignat*.

514. Sabre turc, poignée en corne de rhinocéros, à M. *Vignat*.

515. Drapeau pris au combat de l'Oued-Lalley, 31 décembre 1839, le maréchal Vallée commandant les Français, Abd-el Kader étant à la tête des Arabes. La hampe de ce drapeau est surmontée d'une boule dorée portant une inscription arabe dont voici la traduction : Au nom de Dieu clément et miséricordieux, la victoire ne vient que de Dieu le glorieux, le sage. — *Idem.*

516. Sabre d'honneur donné en 1798 à un officier de l'armée d'Égypte, *idem*.

517. Sabre turc, *idem*.

518. Yatagan, gaîne en repoussé d'argent, *idem*.

519. Yatagan, fourreau et manche en argent massif, orné en repoussé, à M. *Alexandre de Levin*.

520. Fusil arabe, à M. *de Noury*.

521. Pistolet arabe, à M. *Vignat*.

522. Fusil à mèche, à M. *de Noury*.

523. Dague dorée, *idem*.

524. Poignard malais, à M. *Vignat*.

525. Casque allemand, en fer, XVIe siècle, à M. *Vignat*.

526, Casque à grille, à M. *de Noury*.

527. Carquois de l'Amérique du Sud, garni de ses flèches, à M. *Mignon*.

528. Mousquet à mèche et à fourchette, XVIe siècle, à M. *Vignat*.

529. Masse d'armes en fer, manche damasquiné d'or et d'argent, avec caractères turcs, *idem*.

530. Masse d'armes en fer, manche damasquiné d'or et d'argent, pomme incrustée de caractères turcs et d'ornements en argent, *idem*..

531. Bâton de massier, bec de corbin incrusté d'or et d'argent, *idem*.

532. Mors de cheval arabe, *idem*.

533. Poudrière arabe, à M. *Olivier*.

534. Knout russe, à M. *Vignat*.

535. Mousquet à mèche et à fourchette, XVIo siècle, *idem*.

536. Éperons kabiles, à M. *Vignat*.

537. Éperon arabe, à M. *de Noury*.

538. Couteau de chasse, à M. *Vignat*.

539. Espadon à garde de fer ballonée, XVIe siècle, *idem*.

540. Une flissa arabe, à M. *de Noury*.

541. Moule à balles, poudrière, fer de cheval, deux couteaux et autres objets arabes, à M. *Vignat*.

542. Plat en faïence bleue, écussonné, à M. *de Langalerie*.

543. Coffre Louis XIII, sur sa console, à M. *Levé*.

544. Hallebarde, à M. *de Noury*.

545. Hallebarde, à M. *de Noury*.

546. Soldat combattant, lampe en terre cuite, à M. *Desnoyers*.

547. Un faisceau de flèches, à M. *Mignon*.

548. Un arc, *idem*.

549. Sarbacane en écorce d'arbre à l'usage des sauvages, à M. *Vignat*.

550. Casse-tête de l'Océanie en bois de fer, *idem*.

551. Épée à deux tranchants de 1584, à M. *de Noury*.

552. Un morion, *idem*.

553. Hache damasquinée, à M. de *Linières*.

554. Sabre de l'Océanie, à M. *Vignat*.

555. Espadon à garde de fer ballonée, XVe siècle, *idem*.

556. Fusil à rouet, à M. *de Noury*.

557. Pagne en fil de bois, à M. *Vignat*.

558. Rapière, VVIIe siècle, à M. *Olivier*.

559. Meuble en marquetterie renaissance, dit cabinet, à M. *de Tristan*.

560. Sabre (panoplie).

561. Une potiche, vieux Japon, M. *Rousseau*.

562. Casque de chevalier, à M. *de Noury*.

563. Une potiche, vieux Japon, M. *Rousseau*.

564. Un cabasset ou capel de fer, à M. *de Noury*.

565. Coffre de chapelle, incrustation d'ivoire, de nacre et d'écaille, Louis XIII, *idem*.

566. Meuble écaille, à ornements dorés, porté sur quatre caryatides, à M. *Paquot*.

567. Meuble sculpté, à M. *Desnoyers*.

568. Tapisserie renaissance, à la *Société archéolo-logique*.

569. Peinture sur bois représentant un arbre généalogique de la Vierge, XVe siècle, à la *Fabrique de Sainte-Croix*.

570. La leçon d'amour, émail, par M. Courtois, à M. *Courtois*.

571. Saucier et son plateau, en porcelaine orientale, à M. *Ferréol*.

572. Hamac en fil d'aloès, à M. *Ferréol*.

573. Plat creux, faïence émaillée, par Bernard Palissy, à M. *Petau*.

574. Livre d'Heures, imprimé par Kerves, XVIe siècle, à M. *Levé*.

575. Quittance sur parchemin, portant la signature des contemporains de Jeanne d'Arc : 1° Charles III, duc d'Orléans à l'époque du siége, signature; 2° Jean, bâtard d'Orléans, comte de Dunois, signature et sceau ; 3° Poton de Xaintrailles. — M. *Boucher de Molandon*.

576. Quittance sur parchemin du XVe siècle, portant les signatures des contemporains de Jeanne d'Arc : 1° Jean, duc d'Alençon, signature ; 2° Arthur, comte de Richemont, signature; 3° Jacques Boucher, trésorier général à l'époque du siége, quittance et sceau; 4° *idem*, quittance autographe, signature et sceau. — M. *Boucher de Molandon*.

577. Jeanne d'Arc à cheval, statuette en plâtre, par la princesse Marie d'Orléans, au *Musée archéologique*.

578. Un émail de M. Courtois.

579. Un émail de M. Courtois.

580. Un émail de M. Courtois.

581. Une tabatière d'or, à Mme *de Massy*.

582. Une tabatière en composition avec paysage,
à Mme *de Massy*.

584. Un étui d'or, Louis XV, à Mme *de Massy*.

585. Un vase, bronze moderne, à Mme *Demadière*.

586. Statuette de Pothier, par M. Dantan.

TABLEAUX.

---

1. Bouquet de fleurs, peinture sur toile, par Michel-Ange des Batailles, à M. *Lemaire*.
2. Mariage de la Vierge, peinture sur toile, attribué à Jouvenet, à M. *Germon de Villebourgeon*.
3. Cavaliers, époque Louis XIV, peinture sur toile, par Vander Meulen, à M. *Lemaire*.
4. Cascade, peinture sur toile, par Everdingen, à M. *Clouet*.
5. Fleurs et Cartouche, peinture sur bois, par van Thielen et Poelembourg, 1688, à M. *Denys*.
6. Intérieur de cuisine, de M. Droling père, peinture sur bois, à M. *Germon de Villebourgeon*.
7. Peinture sur bois, par Boilly, école française, à M. le docteur *Payen*.
8. Vierge, peinture sur toile, par Carlo Cignani, à M. *de Curson*.
9. Paysage, peinture sur bois, par Demarne, imitation de Wynands, à M. le président *Sainte-Marie*.

10. Paysage, peinture sur cuivre, par Breughel de Velours, à M. *Richault*.

11. Paysage, peinture sur bois, par Both, à M. *Davoust*.

12. Intérieur de ferme, peinture sur toile, école française, à M. *Germon de Villebourgeon*.

13. Intérieur de cuisine, peinture sur bois, par David Teniers, à M. *Bourgeois*.

14. Jésus-Christ au jardin des Olives, peinture sur toile, à M. *Vignat*.

15. Le Christ consolé par un Ange, peinture sur toile, école italienne, à la *Fabrique de Saint-Marc*.

16. Un Pot de Fleurs, peinture sur toile, par Mario di Fiori, à Mme *de Vauzelles*.

17. Un Pot de Fleurs, peinture sur toile, par Mario di Fiori, à Mme *de Vauzelles*.

18. Un Christ au Roseau, peinture sur toile, par Philippe de Champagne, à M. *Landron*.

19. Jeune Mère allaitant son enfant, peinture sur toile, par le Cavedone, à Mme la b^onne *de Piessac*.

20. Vertumne et Pomone, peinture sur toile, par le Guerchin, à M. *Piédor*.

21. Paysage avec Moutons, peinture sur bois, par Ommeganck, à M. *Davoust*.

22. Tête de vieillard, peinture sur bois, par Dietrick, à M. *Richault*.

23. Une Cuisinière hollandaise, peinture sur bois, par Zorg, à Mme *Demadières-Miron*.

24. Tête de vieille, peinture sur bois, par Dietrick,

à M. *Richaut*.

25. Un Christ au Roseau, peinture sur toile, par le Bassan, à M. *Moreau*.

26. Paysage, peinture sur toile, à M, *Sourdeau de Beauregard*.

27. La Diseuse de bonne aventure, peinture sur toile, par Valentin, à M. *Edmond de la Touanne*.

28. Marine, peinture sur toile, par de Lacroix, à Mme *de Saint-Maurice*.

29. Paysage, peinture sur toile, par Thierry van Bergen, à M. *Bataille*.

30. Paysage, peinture sur bois, par van Goyen, à M. *Alexandre de Leven*.

31. Diane au retour de la chasse, peinture sur toile, par Coypel, à M. *Danicourt*.

32. Bataille, peinture sur toile, par Pierre van Bredael, à M. *Fontaine*.

33. Moutons et Paysage, peinture sur toile, par Jean van der Doës, à M. *de Torcy*.

34. Renaud et Armide, peinture sur toile, par Coypel, à M. *Danicourt*.

35. Jeune Fille jouant avec un oiseau, peinture sur toile, attribué à Lépicié, à M. *Clouet*.

36. Symbole du Mariage, peinture sur toile, école italienne, à M. *Fontaine*.

37. Table chargée de fruits et autres objets, par Jean-David de Heem, à M. *Alexandre de Leven*.

38. Architecture, peinture sur toile, par Robert Huber, à M. *Vignat-Daire*.

39. Nature morte, peinture sur toile, par David de Heem, à M. *Daudier*.

40. Un Buveur, peinture sur bois, par D. Rickart, à Mme *Demadières-Miron*.

41. Vierge, peinture sur cuivre, à M. *Sallé*, de la Chapelle.

42. Un Buveur, peinture sur bois, par Teniers-le-Vieux, à M. *Fontaine*.

43. Chasse, peinture sur toile, par van Falens, à Mme *Rigollet*.

44. Paysage, peinture sur bois, attribué à Both, à M. *Marchand*.

45. Vue de Tivoli, peinture sur toile, par Salvator Rosa, à M. *Alexandre de Leven*.

46. Paysage, peinture sur toile, par Paul Brill, figures de Stella, à M. *Richaut*.

47. Bataille, peinture sur toile, par Ph. de Hondt, à Mme *Demadières-Miron*.

48. Moutons dans une étable, peinture sur bois, par Verboeckhoven, 1844, à M. *Fontaine*.

49. Pan jouant de la flûte, peinture sur bois, école italienne, à M. *Pelletier*.

50. La Vierge et l'enfant Jésus entourés d'anges, à M. *Bordas*.

51. Portrait d'Alexandre Boucher, par Girodet, à M. *Alex. Boucher*.

52. Prédication de saint Jean, peinture sur cuivre, par Franck Floris, à M. *Denys*.

53. Sainte Famille dans un paysage, peinture sur cuivre, par Breughel, à *l'Hospice d'Orléans*.

54. Jésus ressuscitant la fille de Jaïre, peinture sur toile, par Ch. de Lafosse, à M. *Richaud*.

55. Calvaire, peinture sur bois, par Franck, aux *Dames religieuses de l'Hôtel-Dieu.*

56. Mousquetaire, peinture sur bois, par Palamède, à M. *Richault.*

57. Conversation galante, peinture sur bois, par Pater, à M. *Richault.*

58. Sainte-Famille, peinture sur cuivre, attribuée au Baroche, à M. *Davoust.*

59. La Lecture d'une lettre, peinture sur toile, par Alexis Bafcop, 1840, à M. *Danicourt.*

60. Joueurs de boule, peinture sur toile, par Teniers, à Mme *Demadières-Miron.*

61. Choc de cavalerie, peinture sur toile, par Berteau, 1716, à M. *Fontaine.*

62. Sommeil du jeune Bacchus, peinture sur toile, attribué à Mignard, à M. *Bourgeois.*

63. Paysage, peinture sur toile, par Nicolas Berghem, à M. *Richault.*

64. Course de Bagues, peinture sur bois, par Pierre de Laar dit Bamboche, à M. *Richault.*

65. Nature morte, peinture sur toile, manière de Sneyders, à M. *de Farville.*

66. Le Martyre de saint Marc et saint Marcellin, peinture sur toile, par Paul Véronèse, à M. *de Langalerie.*

67. Cléopâtre, peinture sur toile, école italienne, à M. *de Bréan.*

68. Deux sujets : Arion sur le dauphin et Vertumne et Pomone, peinture sur toile, par Boucher, à M. *Dubois.*

69. Vierge, d'après Raphaël, peinture sur toile, copie ancienne, à M. *Bataille*.

70. Minerve, peinture sur toile, attribuée à Rembrandt, à M. *Alexandre de Leven*.

71. Vue de Venise, peinture sur toile, par Canalette, à M. *de Tristan*.

72. Martyre de saint Etienne, peinture sur bois, attribué à Dietrick, à M. *Denys*.

73. Vue de Venise, peinture sur toile, par Canaletto, à M....

74. La Toilette, peinture sur bois, par Zorg, à Mme *Demadières-Miron*.

75. Adoration des Bergers, peinture sur cuivre, par Louis de Coulery, à M. *de Lévein*.

76. Scène d'intérieur, peinture sur toile, par Zorg, à M. *Denys*.

77. Paysage, peinture sur bois, par Devries, à Mme *Demadières-Miron*.

78. Le Christ mort sur les genoux de sa mère, peinture sur toile, école de Bologne, à Mlle *Granger*.

79. Halte de cavalerie, peinture sur bois, par Xavier Leprince, à M. *Davoust*.

80. Paysage, peinture sur bois, par Kamphuysen-Dirck, à Mme *Demadières-Miron*.

81. La Prière bretonne, peinture sur toile, par Fouquet, à Mme *Demadières-Miron*.

82. Une Halte de soldats, peinture sur toile, par Jules Lecomte, à Mme *Demadières-Miron*.

83. Fête de village, peinture sur toile, par Demay, à M. *de Farville*.

84. Moutons, peinture sur toile, par Rosa Bonheur, à Mme *Demadières-Miron*.

85. Paysage, peinture sur bois, par van Huysum, à M. *de Torcy*.

86. Paysage hollandais, peinture sur bois, par Molenaer, à M. *de Farville*.

87. Le Savoyard à la fontaine, peinture sur toile, par Gaspard Netscher, à Mme *Demadières*.

88. Une Promenade sur la grève, peinture sur bois, par J. Lingelbach, à Mme *Demadières-Miron*.

89. Incendie, peinture sur bois, par van der Poël, à M. *de Farville*.

90. Portrait de la duchesse de Bourgogne, donné par elle-même en 1702 à Mme Dugaigneau de Chateaumorand, à M. *de Champvallins*.

91. Sainte-Famille, peinture sur toile, d'après Rubens, à M. *Salmon-Lécuyer*.

92. Fleurs et Fruits, peinture sur toile, par Michel-Ange-des-Batailles, à M. *Vignat-Daire*.

93. Sujet mythologique, d'après l'Albane, peinture sur cuivre, à Mme *Mestier*.

94. Des joueurs de quilles, peinture sur bois, de David Teniers, à M. *de Pully*.

95. Un paysage, peinture sur bois, attribué à Taunay, école française, à M. *de Pully*.

96. Tête de Femme, peinture sur bois, par Acloq, à M. *Watbled*.

97. Sujet mythologique, peinture sur cuivre, d'après l'Albane, à Mme *Mestier*.

98. Paysage, peinture sur bois, par Théolon, à M. le docteur *Payen.*

99. Le Paradis terrestre, peinture sur bois, par Griff, à M. *de Farville.*

100. Diane surprise par Actéon, peinture sur bois, par Poelembourg, à M. *Richault.*

101. Françoise de Rimini, réduction du grand tableau de ce nom, par M. Ingres, à M. *Ingres.*

102. Coqs et Poules, peinture sur bois, par Hondekoeter, à M. le docteur *Payen.*

103. Animaux, peinture sur toile. par Griff, à Mᵐᵉ *Demadières.*

104. Une Buveuse flamande, peinture sur bois, par Ryckaers, à Mᵐᵉ *Demadières.*

105. Chiens et Nature morte, peinture sur bois, par Griff, à Mᵐᵉ *Demadières-Miron.*

106. Moutons dans un paysage, peinture sur bois, par Ommeganck, 1789, à M. *Denys.*

107. Paysage, peinture sur cuivre, par Patel le père, à M. *Fontaine.*

108. Jeu de Trictrac, peinture sur bois, par Schalken, à M. *Fontaine.*

109. Saint Sébastien, peinture sur bois, par le Pérugin, à M. *Vilnau.*

110. Annonciation, peinture sur bois, à M. *Proust,* avoué.

111. Scène d'intérieur, peinture sur bois, par Apshoven, à Mᵐᵉ *Demadières-Miron.*

112. Fleurs et Fruits, peinture sur toile, par van der Alls, à M. *Denys.*

113. Paysage, peinture sur toile, par Bégyn, élève de Berghem, à M. *Marchand.*

114. L'Évanouissement d'Esther, peinture sur toile, école vénitienne, à Mme *veuve Vignat.*

115. Rendez-vous de chasse, peinture sur bois, par Albert Cuyp, à M. *Charles de Langalerie.*

116. Ruines, peinture sur toile, par Panini, à M. *Salmon-Lécuyer.*

117. Le Coq, la Poule et les Poussins, peinture sur toile, par Oudry, 1732, à Mme *Demadières-Miron.*

118. La Vierge aux Anges, peinture sur toile, esquisse de Rubens, à *l'Hospice d'Orléans.*

119. Guirlande de fleurs avec cartouche en camaïeu, peinture sur toile, par Daniel Seghers, à M. *Bataille.*

120. Descente de Croix, peinture sur toile, copie ancienne de Jouvenet, à M. *Bidet,* opticien.

121. Une Vierge, peinture sur bois primitive, à M. *Denys.*

122. Les Prophètes, peinture sur toile, d'après Raphaël, à M. *Dalbaret.*

123. Mariage mystique de sainte Catherine, peinture sur toile, école italienne, à Mme *Demadières-Miron.*

124. Une Mère allaitant son enfant, peinture sur toile, par van Ost, à M. *Edmond de la Touanne.*

125. Arion sur le dauphin et Vertumne et Pomone, deux sujets, par Boucher, à M. *Dubois.*

126. L'heureuse Mère, peinture sur toile, par Fragonard, à M. *de Liniers.*

127. Marine, représentant Jonas jeté à la mer, peinture sur toile, par Bonaventure Peters, à M. *Davoust*.

128. La mort de Patrocle, peinture sur toile, par Ch. Lebrun, à M. *de Vauzelles*.

129. Présentation au Temple, peinture sur toile, école française, à M. *Louis Bordas*.

130. Saint Christophe, peinture sur bois, attribué à Rubens, à M. *Auvray,* d'Olivet.

131. Un Concert champêtre, peinture sur toile, jeunesse de Watteau, esquisse, à M. *de Langalerie*.

132. Notre-Seigneur, peinture sur cuivre, à M. l'abbé *Rocher*.

133. Tête de Vierge, peinture sur cuivre, par Subleyras, à M. *Charles Baguenault*.

134. La sainte Vierge, peinture sur cuivre, à M. l'abbé *Rocher*.

135. La Vierge et le petit Jésus, par Franck, à M. *Proust*.

136. Une Vierge, peinture sur bois, école de Raphaël, à M. *Lemolt-Phalary*.

137. Bouquet de Fleurs et de Fruits, avec cartouche représentant le Christ au Linceuil, peinture sur toile, par Daniel Seghers, dit le Jésuite d'Anvers, à M. *Richault*.

138. Abreuvoir, peinture sur toile, par van Bloemen, à M. *Isnard* fils.

139. Écurie, peinture sur toile, à M. *de Clinchamps*.

3

140. Portrait de Bonaparte, peinture sur bois, à M. *Clément Decageux.*

141. Marine, peinture sur bois, par Swagers père, à M. le docteur *Payen.*

142. Un âne chargé de légumes, peinture sur toile, par J.-B. Oudry, à M. *du Houley.*

143. Marine, peinture sur toile, par van Goyen, à M. *Rabourdin.*

144. Basse-cour, d'après le Bassan, à M. *Capitan de Noras.*

145. La Plumeuse, peinture sur bois, d'après Gérard Dow, à M. *Davoust.*

146. Marché aux poissons, d'après le Bassan, à M. *Capitan de Noras.*

147. Scène flamande, peinture sur toile, par David Ricard, à M. *Isnard* fils.

148. Halte devant une hôtellerie, peinture sur bois, par Isaïe van de Velde, à Mme *Demadières-Miron.*

149. La Puce, peinture sur bois, attribuée à Lancret, à M. *Loret.*

150. Sainte Famille, par Mola, à M. *Boucher de Molandon.*

151. La Vendange, peinture sur toile, par Demay, à M. *Rogier.*

152. Scène villageoise, peinture sur cuivre, à Mme *de Saint-Maurice.*

153. Fête de village, école hollandaise, peinture sur toile, à Mme *Mestier.*

154. Effet de lumière, par Skalken, à M. *Paquot.*

155. Fête de village, école hollandaise, peinture sur toile, à Mme *Mestier*.

156. Une Madeleine, peinture sur toile, école de Bologne, à M. *Bordas*.

157. Loth et ses Filles, peinture sur toile, école italienne, à M. *Salmon-Lecuyer*.

158. Portrait de la duchesse de Sully, peinture sur toile, par Largillière, à M. *Achille de Morogues*.

159. Portrait du président Pinon, peinture sur toile, par Largillière, à M. *de Gastine*.

160. Portrait de la marquise de Parabère, peinture sur toile, par Marc Nattier, à M. *Alexandre de Lévin*.

161. Portrait de Mme la Présidente Pinon, peinture sur toile, par Largillière, à M. *de Gastine*.

162. Portrait de femme, peinture sur toile, à M. *de Clinchamps*.

163. Portrait de Fénelon, peinture sur toile, à Mgr *l'Évêque*.

164. Le Christ portant sa croix, peinture sur toile, par Zurbaran, à la *Fabrique de Sainte-Croix*.

165. Portrait de saint François de Sales, peinture sur toile, original, à Mme *veuve Vignat*.

166. Portrait de Mme de Maintenon, peinture sur toile, par Mignard, dit le Romain, à M. *Alexandre de Lévin*.

167. La Vierge allaitant l'Enfant Jésus, peinture sur toile, par Scipion Gaëtano, école des Carrache, à Mme *de Vauzelles*.

168. Portrait d'homme, peinture sur toile, à M. *Sourdeau de Beauregard.*

169. Saint Jérôme, peinture sur toile, à M. *Sourdeau de Beauregard.*

170. Portrait du XVIIe siècle, de M. de Vieux-Pont, chevalier de Malte, à M. *Alexandre Liger.*

171. Descente de Croix, peinture sur toile, par Coypel, à M. *Alphonse de Morogues.*

172. Portrait du duc de Bourgogne, peinture sur toile, par Nicolas de Largillière, à M. *Alexandre de Lévin.*

173. Bataille, épisode des guerres de religion sous Louis XIII, peinture sur toile, à M. *L. Bordas.*

174. Intérieur de forge, peinture sur bois, de Skalken, à M. *Germon de Villebourgeon.*

175. L'orage, peinture sur toile, de Verdussen, à M. *de Pully.*

176. Portrait de Henri IV, peinture sur toile, à M. *de Liniers.*

177. Une bataille, peinture sur toile, de Verdussen, à M. *de Pully.*

178. Portrait de Pietro di Cortone, peinture sur toile, par lui-même, à M. *de Vauzelles.*

179. Sainte Famille, peinture sur toile, par Coypel, à M. *Michelin.*

180. Une Ferme, peinture sur toile, par Pierre Bredael, à M. *Edmond de la Touanne.*

181. Portrait de Marie-Antoinette, peinture sur toile, par Angelica Koffman, à M. le président *de Sainte-Marie.*

182. Une Bergère, peinture sur toile, par van Dyck, à M. *Landron.*

183. Carle-Vanloo, peinture sur toile, à Mme *Grivotte.*

184. Sainte Thérèse, peinture sur toile, à Mgr *l'Évêque.*

185. Portrait d'Eugénie Beaumarchais, à M. *Lemolt-Phalary.*

186. L'Amour endormi, peinture sur toile, attribué à Mignard, à Mme *Bottet.*

187. La Vierge, peinture sur toile, à *l'Église de Saint-Marceau.*

188. Moïse, peinture sur toile, école italienne, à M. *Louis Bordas.*

189. Bataille, peinture sur panneau, par Hugtemburg, à M. *Lemaire.*

190. Piscine de Siloé, peinture sur panneau, par Bloot, école flamande, à M. *Lemaire.*

191. Paysage, peinture sur toile, attribué à C. Lorrain, à M. *de Vauzelles.*

192. Le Jeu de cartes, peinture sur toile, à M. *Fontaine.*

193. Paysage par Pilliment, à M. *Daudier.*

194. Intérieur hollandais, par Jean Leduc, peinture sur toile, à M. *Paquot.*

195. Marine, par Guillaume van de Welde, à M. *Rabourdin.*

196. Scène d'Intérieur, peinture sur bois, par Greuze, à M. le Président *de Sainte-Marie.*

5*

197. Marine, peinture sur toile, par Bakuysen, à M. *Richault*.

198. Fruits, par M. Jacob.

199. Portrait du marquis de Sardière, peinture sur toile, par Largillière, à M. *Achille de Morogues*.

200. Fruits, peinture sur toile, par M. Jacob, à M. *Cornu*.

201. La veille des noces, peinture sur toile, par Dubos, à M. *Lemaire*.

202. Animaux, peinture sur bois, école moderne, à Mme la b^onne *de Piessac*.

203. Scène familière, peinture sur bois, par D. Teniers, à M. *Pelletier*.

204. Paysage, peinture sur bois, par Swagers, à M. *Pelletier*.

205. Intérieur de cuisine, peinture sur toile, de F. Hormans, à M. *Germon de Villebourgeon*.

206. La Joconde, peinture sur toile, d'après Léonard de Vinci, à M. *Lemaire*.

207. Paysage et Ruines, peinture sur bois, école française, à M. *Bordas*.

208. Attaque de brigands, peinture sur bois, par Pierre de Laar, dit Bamboche, à M. *Denys*.

209. Mort d'Adonis, peinture sur panneau, par Verlanger, à M. *Lemaire*.

210. Portrait de Ripault-Désormeaux, à M. *Cornu*.

211. Paysage, peinture sur bois, par van der Meer, à M. *Richault*.

212. Intérieur d'église, par Peter Neef, peinture sur bois, à Mme *Mestier*.

213. Intérieur de ferme, peinture sur bois, par L. Billecoq, à Mme *Mestier*.

214. Une Laveuse, peinture sur bois, par Billecoq, à M. *Davoust,* notaire.

215. Intérieur de ferme, peinture sur bois, par L. Billecoq, à Mme *Mestier.*

216. Paysage, peinture sur bois, par Devries, à M. *Richault*.

217. Cavaliers, par van Falens, peinture sur bois, à Mme *Mestier*.

218. Fleurs, par Mozais, 1788, peintre sur cuivre, à Mme *Mestier*.

219. Une halte, peinture sur bois, de Ph. Wouwermans, à M. *de Pully*.

220. Paysage, peinture sur bois, par Demarne, à Mme *Demadières-Miron*.

221. Adoration des Rois, peinture sur cuivre, par Franck, d'après Titien, à M. *Dalbaret*.

222. Intérieur de ferme, école française, à M. *Germon de Villebourgeon*.

223. Le Cabinet du directeur du Musée d'Orléans, peinture sur toile, par Simonet, à Mme *Demadières*.

224. Paysage suisse, peinture sur bois, à M. *Vignat-Daire*.

225. Animaux, peinture sur bois, par Diebolt, à M. *Sourdeau de Beauregard*.

226. Une Vierge, peinture sur cuivre du XVIe siècle, à M. *Blanchard,* libraire.

227. Portrait d'Anne d'Autriche, peinture sur bois, par Porbus, à M. *Denys*.

228. Le voile de sainte Véronique, peinture sur bois, par Moralès, à Mme *de Vauzelles.*

229. Jésus portant sa Croix, peinture sur cuivre, copie de Franck, à M. *Delatour-Dubreuil.*

230. La Mère de douleur, peinture sur cuivre, école allemande, à M. *de Langalerie.*

231. Deux Scènes d'intérieur, peinture sur toile, par Watteau, de Lille, à Mlle *Granger.*

232. La Porte-Dieu-Lumière, comme elle était encore quelque temps après l'entrée de Charles VII et de Jeanne d'Arc à Reims, la veille du sacre, en 1429. L'église que l'on voit près de cette porte, à gauche, est celle de Saint-Nicaise, magnifique monument démoli en 1792 par ordre de Santerre, qui en était devenu acquéreur. — Peinture sur toile, de M. *Pernot,* de Paris, à Mgr *l'Évêque.*

233. Ruines, peinture sur toile, par Panini, à M. *Salmon-Lécuyer.*

234. Dessin au bistre, la Vierge et l'enfant Jésus, à M. *Salmon-Lécuyer.*

235. Dessin à la sépia, par Albert, à M. *Edmond de la Touanne.*

236. Saint Sébastien, dessin à l'estompe, d'après une peinture du Pérugin, par Mme *Quinton.*

237. Fleurs, aquarelle, par M. Jacob, à M. *Jacob.*

238. Paysage, XVIIIe siècle, à M. *Bourgeois.*

239. Animaux, gouache, à M. *Badinier*, curé.

240. Animaux, gouache, à M. *Badinier*, curé.

241. Un dessin-médaillon, à M. *Phalary.*

242. Apollon couronné, gouache, à M. *Germon de Villebourgeon*.

243. Gouache, Fête de village, attribuée à Watteau, à M. *Anatole de la Touanne*.

244. Un dessin d'architecture de Jean-Paul Panini, à M. *de Pully*.

245. Gouache, à M. *A. de la Touanne*.

246. *Voir page 58, n° 577.*

247. Dessin, école de Fontainebleau, à M. *Auvray*.

248. Dessin à deux teintes, à M. *de Tristan*.

249. La Vierge à la chaise, dessin au crayon, d'après Raphael, à M. *Levé*.

250. Mer agitée, dessin par L. Backuysen. à M. *C. Baguenault*.

251. Portrait de la duchesse de ***, pastel, par Allais, 1740, à M. *de Langalerie*.

252. Portrait d'enfant, peinture sur toile, à M. *de Noury*.

253. Une Dormeuse, peinture sur toile, par Lépicié, à Mme *Bottet*.

254. Groupe d'enfants, pastel, par Allais, 1740, à M. *de Langalerie*.

255. Vue du vieil Orléans, peinture sur toile, par Martin des Batailles, à M. *Louis Bordas*.

256. Dessin par F. Boucher, à M. *C. Baguenault*.

257. Dessin par le même, *idem*.

258. Vue d'Orléans, dessin de Desfriches, 1783, à M. *Boucher de Molandon*.

259. Dessin à la plume, de Coypel, à M. *de Morogues*.

260. Portrait de M. Ramel, dessin par Ingres, à M. *Guille*.

261. Apothéose de Napoléon Ier, plâtre réduit du plafond de l'Hôtel-de-Ville, par M. Ingres, au *Musée d'Orléans*.

262. Portrait de Mme Ramel, dessin, par Ingres, à M. *Guille*.

263. Berger jouant de la cornemuse, par F. Boucher, à M. *C. Baguenault*.

264. Tête de vieillard, par Jules Romain, à M. le Président *Sainte-Marie*.

265. Dessin colorié, par Hacker.

266. Chérubini et Terpsichore, dessin au crayon, par M. Ingres, au *Musée d'Orléans*.

267. Descente de Croix, dessin au bistre, par C. Vanloo, à M. *de Vauzelles*.

268. Un paysage, dessin de P. Hackert, à M. *de Pully*.

269. 270. *Voir page 38, nos 575 et 576.*

271. Famille Guille, par Ingres, à M. *Guille*.

272. Dessin par Louis Lagrenée, à M. *de Vauzelles*.

273. Dessin au crayon noir, rehaussé de blanc, par M. Bardin, à M. *de Vassal*.

274. Dessin à l'estompe, par M. Salmon, à M. *de Vassal*.

275. Dessin d'Abel de Pujol, à M. *de Vassal*.

276. Gravure accompagnée de plusieurs autogra-

phes, Portrait de Pothier, à M. *Guyot-Poignard*.

277. Dessin à la plume, la Vierge et l'enfant Jésus, par Guerchin, à M. *Fontaine*.

278. Scène de cabaret, mine de plomb, par Charlet, à M. *Paquot*.

279. Le fort des Tourelles et le faubourg Saint-Marceau, dessin de Desfriches, à M. *Jarry-Lemaire*.

280. Portrait d'enfant, peinture au pastel, à M. *de Clinchamps*.

281. Une glace de Venise, avec cadre ornementé de cuivre, à M. *de Bréan*.

282. Bas-relief photographié des sculptures de la Mairie d'Orléans, par M. Jouffroy, à M. *Marchand*.

283. Portrait de Jeanne d'Arc, peinture sur toile, par Jehan Buron, élève du Primatice, à M. *de Noury*.

284 Coupe en bronze, à M. *Cornu*.

285. Diane à la chasse, éventail, par Boucher, à M. *de Vauzelles*.

286. Portrait de Jeanne d'Arc, peinture sur bois, à M. *Jarry-Lemaire*.

287. Dessin de Norblin, à M. Labinski.

288. Vitrail, à M. *Clouet*.

289. Vitrail, *idem*.

290. Vitrail, *idem*.

291. Vitrail, à M. *Clouet*.

292. Panneau, sculpture représentant un Calvaire, à la *Fabrique de Sainte-Croix.*

293. Vitrail, au *Musée.*

294. Vitrail, *idem.*

295. Vitrail, *idem.*

296. Guitare, *idem.*

297. Vase étrusque, à Mme *Rousseau.*

298. Scène familière, peinture sur bois, école de Téniers, à Mlle *Granger.*

299. Chien gardant du gibier, peinture sur toile, par Desportes, à M. *de Clinchamps.*

300. Pendant du précédent, à M. *de Clinchamps.*

301. Le cardinal Bellarmin faisant le Catéchisme, peinture sur toile, à Mgr *l'Évêque.*

302. Une Coupeuse d'herbe, peinture sur papier, par M. Antigna, à M. *Antigna.*

303. Jérémie prophète, peinture sur toile, école française, à Mme *Chaudet.*

304. Marche de troupes, peinture sur toile, à M. *Sourdeau de Beauregard.*

305. Jeu de Bagues, peinture sur toile, d'après Vouwermans, par M. Chauchereau, à M. *Chauchereau.*

306. Portement de croix, école gothique, à M. *Lemaire.*

307. Choc de cavalerie, peinture sur panneau, par Palamède-Hevens, à M. *Lemaire.*

308. Lecture de la Bible par un moine, peinture sur toile, par M. Chauchereau, à M. *Chauchereau.*

309. Fruits, pêches et raisins, tableau sur toile, à M. *Boucheron*.

210. Chevaux, peinture sur toile, par M. Alfred de Dreux, à M. *Cornu*.

311. Une scène au bord de la mer, peinture sur toile, par Isabey, à M. *Rogier*.

312. Petite Bergère, peinture sur toile, par Antigna.

313. Grèves, peinture sur toile, par M. Francis Blin, à M. *F. Blin*.

314. Le Bouquet, peinture sur bois, école hollandaise, à M. *Loret*.

315. Dessin à la sépia, par Delvaux, à M. *Danicourt*.

316. La Vierge et l'Enfant Jésus, dessin au bistre, à M. *Salmon-Lécuyer*.

317. Effet de soleil couchant, Christian VIII passant devant la ville d'Elseneur est salué par l'artillerie du fort, peinture sur toile, par M. Turpin de Crisse, à M. *de l'Esparda*.

318. Dessin par Delvaux, à M. *Danicourt*.

319. Dessin au crayon rouge, à M. *Salmon-Lécuyer*.

320. Frise de Polydore Caravage, dessin, à M. le c^te *de Tristan*.

322. Vue de Montargis, dessin à la mine de plomb, par M. Fortin, à M. *Foucher*.

323. Un torrent, peinture sur toile, par M. Francis Blin, à M. *F. Blin*.

4

325. Vue de la Motte-Bouquin, sur le Loiret, dessin au crayon, par M. Salmon, à M. *de Vassal.*

326. Vue du Caillou, sur le Loiret, dessin aux deux crayons, par M. Salmon, à M. *de Vassal.*

327. Jeanne d'Arc, peinture sur toile, par M. Ingres, chef-d'œuvre destiné au Luxembourg et faisant partie du salon de M. Ingres à l'Exposition universelle, à M. *Ingres.*

328. Portrait, peinture sur toile, par M. Baranton, à M. *Baranton.*

329. Paysage, par M. Pensée.

330. Marine, par Brune, à M. *Pereira.*

331. Intérieur de cuisine, par M. Monvel, peinture sur toile, à M. *Monvel.*

332. Vitrail, lithochromie, par Didron, à M. *de Torquat.*

333. Une place à Nantes, aquarelle, à M. *Chouppe.*

334. Sarbacane en écorce d'arbres, à M. *Vignat.*

335. Une fileuse, dessin au fusin, par M. de Bompart, à M. *Chouppe.*

336. Un Polonais à cheval, aquarelle, attribué à Vernet, à M. *Labinsky.*

337. Portrait de Mme de ***, peinture sur toile, par Mme la ctesse de Kervasdué, à M. *de Torcy.*

338. La Chèvre blessée, peinture sur toile, par Mme la ctesse de Kervasdué, à M. *de Torcy.*

339. Portraits d'enfants, par Antigna, à M. *de la Touanne.*

340. Rochers et montagnes, peinture sur toile, par M. Francis Blin, à M. *F. Blin.*

341. Chasse au marais, peinture sur toile, par Finart, 1842, à M. *Cornu*.

342 Un Calvaire, panneau en bois, d'après une photographie de Justin, par M. Lemaire.

343. Le rat et la grenouille, terre cuite, à M. Allelit.

344. Paysage, pastel, à Mlle *Daux*.

345. Vue de Montargis, dessin à la mine de plomb, par M. Fortin, à M. *Foucher*, papetier.

346. Fleurs et Fruits, peinture sur toile, à Mme *Fouquet*.

347. Paysage, pastel, à Mlle *Daux*.

348. Un groupe d'anges, d'après Murillo, à M. *Quinton*.

349. Portrait de Mlle S***, par M. Antigna, à M. *Sallé*.

350. Un marais, effet du soir, aquarelle, à M. *Chouppe*.

351. Vue de Besancon, par M. Féréol, peinture sur toile, à M. *Féréol*.

352. Fleurs et Fruits, peinture sur toile, à Mme *Fouquet*.

353. Vue du pont d'Olivet, par M. Pensée.

354. Cavaliers sur le bord d'un fleuve, par Hippolyte Lecomte, à M. *Rabourdin*.

355. Intérieur d'atelier, par M. Monvel, peinture sur toile, à M. *Monvel*.

356. Jeune bohémienne, peinture sur toile, par Melle Malherbe, à Melle *Malherbe*.

357. Vue de Sologne, aquarelle, à M. *Chouppe*.

358. Pastel de Thenot, à M. *Herluison*.

359. Marchande de gibier, peinture sur toile, par Melle Malherbe, à Melle *Malherbe*.

360. Lac du Dauphiné. par M. Pensée.

361. Portrait de M. C***, par M. Giacobini, à M. *Giacobini*.

362. Sorcières de Walter Scott, peinture sur toile, par M. Turpin de Crisse, à M. *de l'Esparda*.

363. Un jeune Dessinateur, peinture sur toile, par Antigna.

364. Fruits, Nature morte, peinture sur toile, par Swagers, professeur de dessin à Orléans.

365. Statuette, par M. Lanson, à M. *Lanson*.

366. Statuette, par M. Lanson, *idem*.

367. Le Ramoneur, statuette, par Monceau.

368. Statuette, par Monceau.

369. La mule attaquée par les mulots, terre, par Allelit.

370. Une levrette, par Allelit.

371. Fixé, par M. Féréol, à M. *Féréol*.

372. Fixé, par M. Féréol, *idem*.

373. Françoise de Rimini, par M. Ingres.

374. Vue de la Creuse, à Aubusson, par M. *Baranton*.

375 Nature morte, groupe d'oiseaux d'après nature, par Félix Clouet.

376. Miniatures, par Delzigne.

377. Les Grecs émigrés à la cour de Médicis, dessin, par M. Xavier Gouard, à M. *Gouard*.

378. Une vue de la porte Saint-Jean, fixée par M. Féréol.

379. Tête de femme, peinture sur toile, par Antigna.

380. Sentinelle écossaise devant les Russes, dessin, par Clément Carette, à M. *Dupuis*.

381. Fleurs, aquarelle, par Melle de l'Esparda, à Melle *de l'Esparda*.

382. Daphnis et Cloé, dessin au crayon, copie de Hersant, par Chevallier, à M. *de Vassal*.

383. Environs de Besançon, fixé par M. Féréol, à M. *Féréol*.

384. Zouave et Écossais en Crimée, dessin mine de plomb, à M. *Clément Carette*.

385. Fleurs, aquarelle, par Melle de l'Esparda, à Melle *de l'Esparda*.

386. Portrait de femme, miniature, par Delzigne.

387. Une Bouquetière, peinture sur toile, par Antigna.

388. Portrait d'enfant, par Carette, à Mme *Beaufils*.

389. Paysage, la Creuze à Crozon, peinture sur toile, par M. Baranton, à M. *Baranton*.

390. Jeune savoyarde, peinture sur toile, par Melle Malherbe, à Melle *Malherbe*.

391. Une place d'Auray (Bretagne), aquarelle, à M. *Chouppe*.

392. Portrait d'enfant, peinture sur toile, par Antigna, à M. *Lacaze*.

393. Aquarelle de M. Pensée, à M. *Cornu*.

394. Paysage moderne, peinture sur toile, par Swagers, professeur de dessin à Orléans.

395. Nature morte, groupe d'oiseaux, par Félix Clouët.

396. Fruits et Légumes, peinture sur toile, par M. Chauchereau, à M. *Chauchereau*.

397. L'amour du jeu, à M. *Clément Carette*.

398. Le Zéphir, dessin au crayon noir, estompé, d'après Prudhon, à M. *Quinton*.

399. La Joconde, photographie, par Gustave Legray, à M. *Loyer*.

400. La Vierge au Rosaire, d'après Murillo, à M. *Quinton*.

401. Le repos, à M. *Clément Carette*.

402. Montagnes d'Écosse, peinture sur toile, par F. Blin, à M. *F. Blin*.

403. Une veuve et ses enfants, peinture sur toile, par Melle Malherbe, à Melle *Malherbe*.

404. Un paysage, peinture sur toile, par Bourget, à M. *Thibaut*.

405. Gorge de montagne, peinture sur toile, par F. Blin, à M. *Roncéray*.

www.ingramcontent.com/pod-product-compliance
Lightning Source LLC
LaVergne TN
LVHW020039090426
835510LV00039B/1031